BEI GRIN MACHT SICH IHR WISSEN BEZAHLT

- Wir veröffentlichen Ihre Hausarbeit,
  Bachelor- und Masterarbeit

- Ihr eigenes eBook und Buch -
  weltweit in allen wichtigen Shops

- Verdienen Sie an jedem Verkauf

Jetzt bei www.GRIN.com hochladen
und kostenlos publizieren

Bibliografische Information der Deutschen Nationalbibliothek:

Die Deutsche Bibliothek verzeichnet diese Publikation in der Deutschen National-
bibliografie; detaillierte bibliografische Daten sind im Internet über http://dnb.d-
nb.de/ abrufbar.

Dieses Werk sowie alle darin enthaltenen einzelnen Beiträge und Abbildungen
sind urheberrechtlich geschützt. Jede Verwertung, die nicht ausdrücklich vom
Urheberrechtsschutz zugelassen ist, bedarf der vorherigen Zustimmung des Verla-
ges. Das gilt insbesondere für Vervielfältigungen, Bearbeitungen, Übersetzungen,
Mikroverfilmungen, Auswertungen durch Datenbanken und für die Einspeicherung
und Verarbeitung in elektronische Systeme. Alle Rechte, auch die des auszugsweisen
Nachdrucks, der fotomechanischen Wiedergabe (einschließlich Mikrokopie) sowie
der Auswertung durch Datenbanken oder ähnliche Einrichtungen, vorbehalten.

Impressum:

Copyright © 2014 GRIN Verlag
Druck und Bindung: Books on Demand GmbH, Norderstedt Germany
ISBN: 9783656923831

Dieses Buch bei GRIN:

https://www.grin.com/document/294424

Patrick Köck

Absatzsteigerung durch Design. Marktforschung und Marketingcontrolling am Beispiel Ritter Sport

GRIN Verlag

GRIN - Your knowledge has value

Der GRIN Verlag publiziert seit 1998 wissenschaftliche Arbeiten von Studenten, Hochschullehrern und anderen Akademikern als eBook und gedrucktes Buch. Die Verlagswebsite www.grin.com ist die ideale Plattform zur Veröffentlichung von Hausarbeiten, Abschlussarbeiten, wissenschaftlichen Aufsätzen, Dissertationen und Fachbüchern.

Besuchen Sie uns im Internet:

http://www.grin.com/

http://www.facebook.com/grincom

http://www.twitter.com/grin_com

Ostbayerische Technische Hochschule Regensburg
Studiengang: Betriebswirtschaft (berufsbegleitend)

Studienarbeit: Marktforschung & Marketingcontrolling

Fallbeispiel:

Ritter Sport will seinen Absatz über ein verbessertes Design stärken.

Verfasst von:

Patrick Köck

Dornbirn, den 28.07.2014

Inhaltsverzeichnis

1. Beschreibung der Ausgangssituation 3

2. Auslegung der betriebswirtschaftlichen Ziele [3] 3

3. Definition der Käuferzielgruppe 4

4. Erstellung eines Marktforschungsprojektes 4

5. Auslegung der Kommunikationsziele 7

6. Festlegung eines Kommunikationsbudgets 7

7. Auswahl eines wirksamen Kommunikationsmixes [13] 8

8. Verantwortlichkeit für die Maßnahmen 9

9. Erfolgsmessung.. 9

Literaturverzeichnis: 11

1. Beschreibung der Ausgangssituation

Die Schokoladenmarke Ritter Sport gehört zum deutschen Lebensmittelhersteller Alfred Ritter GmbH & Co. KG.[1] Aufgrund der quadratischen Form gilt Ritter Sport als die Sportschokolade schlechthin und wird auch so vermarktet.[2]

Das Unternehmen setzt kontinuierlich auf Neuerungen. Nur so gelang es der Schokoladenmarke immer mehr den Absatz und den Bekanntheitsgrad zu steigern. Pünktlich zur FIFA Fußball Weltmeisterschaft 2014 in Brasilien soll das Produktdesign der quadratförmigen Schokolade dementsprechend kreativ gestaltet werden. Das Unternehmen vertreibt in ganz Deutschland die Ritter Sport Schokolade und sieht die Großsportveranstaltung als eine echte Chance, den Absatz durch ein verbessertes Design zu stärken. Damit das Unternehmen das Ziel bestmöglich erreicht, hat Ritter Sport die Kommunikationskampagne „Der 4. Stern für UNS" entwickelt.

(Zur Erklärung: Jeder Fußballweltmeister erhält pro errungener Weltmeisterschaft einen Stern.)

Abb. http://www.ostwestf4le.de/2014/07/15/ritter-sport-weltmeister-edition-jogis-meister-mix/

2. Auslegung der betriebswirtschaftlichen Ziele[3]

Als primäres betriebswirtschaftliches Ziel legt das Unternehmen die Stärkung des Absatzes fest. Die Absatzmenge von 210 Mio. des Vorjahres soll auf 225 Mio. gesteigert werden. Dies wäre eine prozentuale Steigerung von 7,15%.

In Zusammenhang mit dem Absatz steht der Unternehmensumsatz. Deshalb soll der Umsatz im Jahr 2014 von 380 Millionen Euro auf 400 Millionen Euro heranwachsen. Das würde eine Umsatzsteigerung von 5,26% bedeuten. Ein weiteres betriebswirtschaftliches Ziel des Unternehmens ist es, den Marktanteil von ursprünglich 23,1% auf 23,6% zu erhöhen.

[1, 2] http://de.wikipedia.org/wiki/Ritter_Sport

[3] http://www.handelsblatt.com/unternehmen/handel-dienstleister/schokolade-ritter-sport-waechst-deutlich/9379746.html

3. Definition der Käuferzielgruppe

Grundsätzlich richtet sich die Marke Ritter Sport an alle sportlichen Schokoladenliebhaber. Die Ritter Sport Schokolade sollen sowohl weibliche als auch männliche Kunden jeglichen Alters erwerben. Durch die Kommunikationskampagne „Der 4. Stern für UNS" möchte das Unternehmen vor allem die Fußballfans der deutschen Nationalmannschaft erreichen und so die Ritter Sport Schokolade genau dieser Käuferzielgruppe schmackhaft machen.

4. Erstellung eines Marktforschungsprojektes

Formulierung des Problems:
Die Verpackung gilt als ein wichtiger absatzwirtschaftlicher Faktor. Dadurch dass das Design der Ritter Sport Schokolade sich nur bei den verschiedenen Geschmacks-richtungen farblich voneinander unterscheidet, soll das Verpackungsdesign sich während der FIFA Fußball Weltmeisterschaft grundsätzlich ändern. So soll das Problem der langjährig gleichbleibenden Verpackung für die Dauer der Weltmeisterschaft gelöst werden.

Festlegung des Untersuchungsdesigns:
Grundsätzlich gibt es drei Studientypen: deskriptiv, explorativ und explikativ.[4]
Welcher Typ für die Anwendung am besten geeignet ist, ist immer vom Untersuchungsziel abhängig. Ritter Sport setzt auf das deskriptive Untersuchungs-design. Bei diesem Typ werden auf eine sehr präzise Art und Weise die Markttat-bestände, zum Beispiel die Zufriedenheit der Kunden mit dem Verpackungsdesign, beschrieben und des weiteren Prognosen erstellt.

Festlegung der Informationsquellen:
Bei der Marktforschung von Ritter Sport werden die Informationen primär erhoben. Das bedeutet, dass die Daten erstmalig erfasst werden und daher kann das Unternehmen nicht auf alte Daten zurückgreifen. Im Gegensatz zur Primärforschung steht die Sekundärforschung.

---

[4] Homburg, Krohmer; Marketingmanagement (2009); S. 243

Bestimmung des Durchführenden: [5]

Das Unternehmen hat zur Bestimmung des Durchführenden zwei Möglichkeiten. Entweder wird das Projekt von einer externen Marktforschungsinstitution durchgeführt, oder eine unternehmenseigene Abteilung, beispielsweise die Marketingabteilung führt das Marktforschungsprojekt durch. Der Schokoladenhersteller übergibt die Verantwortung des Projektes zur Gänze an eine professionelle Marktforschungsinstitution.

Festlegung der Datenerhebungsmethode: [6]

Wie bereits erwähnt, werden sämtliche Daten durch die primäre Marktforschung erhoben. Diese Form der Marktforschung wird in eine quantitative und qualitative Marktforschung unterteilt. Welche Methode zum Einsatz kommt ist abhängig vom Erhebungsziel. Das Marktforschungsinstitut wird für die Ritter Sport Schokolade die Daten zur Gänze durch die quantitative Marktforschung erheben, da man bei dieser Methode eine Vielzahl von Personen befragen und die Ergebnisse schnell generieren kann. Das Institut soll seine Erkenntnisse durch Befragungen, Beobachtungen und Experimente gewinnen.

Auswahl der Stichprobe: [7]

Die Informationen sollen von genau 1.000 Personen eingeholt werden. Von diesen sollen 800 Personen mittels Fragebogen zum Thema befragt werden und die restlichen 200 Personen werden Teil einer Beobachtung sein. Bei der Untersuchung soll der Frauenanteil gleich hoch sein wie der Männeranteil. Jede Person im Alter von 15 bis 50 Jahren wird für die Marktforschungsuntersuchung berücksichtigt.

Durchführung der Datenerhebung: [8]

Die quantitativen Methoden der Befragung und der Beobachtung werden parallel durchgeführt. Eine Befragung darf maximal 10 Minuten in Anspruch nehmen. Grundlage der Befragung ist ein standardisierter Fragebogen. Vorteil dabei ist, dass das Institut die Ergebnisse schnell und vergleichbar auswerten kann und die Daten durch diese Form gut miteinander verknüpfbar sind.

---

[5] Homburg, Krohmer; Marketingmanagement (2009); S. 244
[6] Homburg, Krohmer; Marketingmanagement (2009); S. 253-262
[7] Homburg, Krohmer; Marketingmanagement (2009); S. 285-288
[8] Homburg, Krohmer; Marketingmanagement (2009); S. 259,262

Bei der Beobachtung soll die Verhaltensweise der potentiellen Käufer erfasst werden. Der Kunde soll direkt im Einzelhandelsgeschäft vom Beobachter unter die Lupe genommen werden. Großer Vorteil dieser Form ist, dass kein Interviewereffekt auftritt, da die beobachtete Person nichts von der Beobachtung weiß und daher nicht sein Verhalten verändern wird.

Editierung und Kodierung der Daten: [9]
Grundlage der Editierung sind die ausgefüllten Fragebögen und die Protokolle der Beobachtung. Die Kodierung der quantitativen Daten erfolgt ausschließlich durch ein Kodierungsplan. Die Daten des Kodierungsplanes können dabei direkt in ein Softwareprogramm eingetragen werden und anschließend direkt analysiert werden.

Analyse und Interpretation der Daten: [10]
Die erhobenen Daten werden in Form von Statistiken und Diagrammen ausgewertet und von der Marktforschungsinstitution analysiert sowie interpretiert. Dadurch dass es sich um Aussagen über vorliegende Datenmengen handelt, wird das deskriptive Verfahren zum Einsatz kommen. Auf deren Basis kann man die Daten bestmöglich analysieren und interpretieren.

Präsentation der Forschungsergebnisse: [11]
Die Forschungsergebnisse sollen vom Projektleiter des Marktforschungsinstituts direkt bei der Niederlassung des Auftraggebers, also der Alfred Ritter GmbH & Co. KG präsentiert werden. Wichtig bei der Präsentation ist, dass die gewonnenen Erkenntnisse leicht verständlich aufgezeigt werden, so dass alle Zuhörer ohne detaillierte Kenntnisse die Ergebnisse nachvollziehen können. Weiters erwartet sich das Unternehmen bei der Präsentation konkrete Umsetzungsempfehlungen.

---

[9] Homburg, Krohmer; Marketingmanagement (2009); S. 305,307

[10] Homburg, Krohmer; Marketingmanagement (2009); S. 315

[11] Homburg, Krohmer; Marketingmanagement (2009); S. 244, 245

5. Auslegung der Kommunikationsziele

Durch das neue Kommunikationskonzept strebt das Unternehmen eine Vielzahl an Kommunikationszielen an. Ein bedeutendes Ziel ist vor allem die Absatzmengensteigerung von rund 7,15%. Weiter strebt die Ritter Sport Schokolade nach einer idealen Positionierung der Marke am Markt an. Das Unternehmensimage soll ebenso weiter ausgebaut werden. Das Erreichen neuer Käuferzielgruppen sowie die Kaufabsicht der bestehenden Kunden der Ritter Sport Schokolade soll erweitert werden. Ein naheliegendes Ziel ist, dass durch neue internationale Großhändler neue Märkte erobert werden. Auch die soziale und ökologische Verantwortung, die das Unternehmen steht's aufzeigt, möchte der Schokoladehersteller noch verdeutlichen.

6. Festlegung eines Kommunikationsbudgets

Das Kommunikationsbudget für die Kampagne „Der 4. Stern für UNS" orientiert sich am Unternehmensumsatz. Das Unternehmen stellt 4% des Vorjahresumsatzes bereit, das entspricht 15,2 Millionen Euro. Durch die Werbewirkungsfunktion mit degressivem Verlauf ohne Sättigungsmenge erwartet sich das Unternehmen einen Anstieg der Absatzmenge.[12] Im Rahmen der Budgetallokation setzt sich die Verteilung des Budgets auf die verschiedenen Kommunikationsmedien wie folgt zusammen:

Medium	Prozent vom Budget	Prozent in Euro
Printmedien	20%	€ 3.040.000
Fernsehen	40%	€ 6.080.000
Kino	20%	€ 3.040.000
Social-Media	5%	€ 760.000
Internet-Banner	15%	€ 2.280.000

---

[12] Homburg, Krohmer; Marketingmanagement (2009); S. 744-747

7. Auswahl eines wirksamen Kommunikationsmixes[13]

Mit einem wirksamen Kommunikationsmix wird die Kommunikationskampagne der Zielgruppe näher gebracht. Der Erfolg einer Kampagne hängt stark davon ab, welches Kommunikationsmedium das Unternehmen verwendet. Wichtig ist, dass auch auf das Mediennutzungsverhalten der Zielgruppe geachtet wird.

Für den wirksamen Kommunikationsmix setzt Ritter Sport folgende Instrumente ein:

Werbung

Die Werbung zählt zu den wichtigsten Kommunikationsmaßnahmen. Ritter Sport möchte die Kampagne durch die klassischen Werbeinstrumente wie Printmedien (Sportzeitschriften, Plakate), Fernseh- und Kinowerbung und Online-Werbung in den Köpfen der Leser und Zuseher verankern.

Direkt-Marketing

Durch diese Form der Kommunikation wird mit dem Kunden ein Dialog gestartet. Dies hat den Vorteil, dass der Kunde durch adressierte und zielgruppenspezifische Mailings die Aufmerksamkeit auf die Kampagne richtet. Ritter Sport möchte sowohl den E-Mail Verkehr nutzen als auch adressierte Werbeschreiben einsetzten.

Verkaufsförderung

Maßnahmen der Verkaufsförderung wirken am Verkaufspunkt absatzfördernd, sind aber zeitlich befristete Maßnahmen. Damit der Absatz der Ritter Sport Schokolade bei Händlern bzw. Endkunden gefördert wird, werden Warenproben und Sonderaktionen angeboten. Auch ein Gewinnspiel wird auf der Ritter Sport-Webseite ausgeschrieben.

Sponsoring

Ritter Sport möchte die Kampagne „Der 4. Stern für UNS" durch das Sportsponsoring bekannt machen. Idealerweise werden zwei Profi-Fußballmannschaften in unterschiedlichen Ligen gesponsert.

---

[13] http://www.gruenden.ch/fileadmin/customer/downloads_d/fb_kommunikation.pdf

Events

Auch Public-Viewing Veranstaltungen sind während der Fußball-Weltmeisterschaft Ziel der Ritter Sport Schokolade. Dort ist die Bedeutung des Fußballs riesen groß und der Zugang zu unzähligen potenziellen Kunden ist garantiert.

Online-Aktivitäten

Die markeneigene Webseite bietet eine ausgezeichnete und zudem kostengünstige Plattform, um die neue Kommunikationskampagne von Ritter Sport zu präsentieren. Durch die Verlinkung der Webseite in sämtlichen Social-Media Kanälen, wie Facebook, Twitter und Pinterest, erweitert sich die Erreichbarkeit durch die Social-Media Nutzer enorm.

8. Verantwortlichkeit für die Maßnahmen

Die Verantwortlichkeit obliegt zur Gänze dem Marketingleiter. Er hat unter anderem die Aufgabe, dass alle Kommunikationsmaßnahmen, die bei der Kampagne zum Einsatz kommen, bestmöglich eingesetzt werden, um so die Kommunikationsziele und auch die betriebswirtschaftlichen Ziele bestens erreicht werden können. Eine weitere Aufgabe des Marketingleiters ist, dass er sich mit dem Leiter der Finanzabteilung über das zu Verfügung stehende Budget abspricht. Auch die Abstimmung mit dem Marketingcontrolling ist von großer Bedeutung für die Erreichung der genannten Ziele.

9. Erfolgsmessung

Wirkungsebenen von Kommunikation & Marketing:

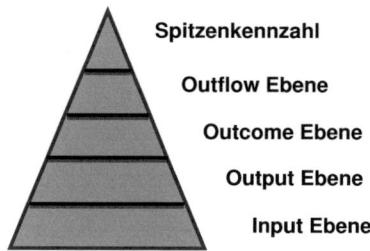

Spitzenkennzahl

Outflow Ebene

Outcome Ebene

Output Ebene

Input Ebene

Input-Ebene

Für die Kommunikationskampagne wurde ein Budget von 15,2 Millionen Euro (entspricht 4% des Vorjahresumsatzes) festgelegt. Damit die ausgewählte Zielgruppe der deutschen Fußballfans mit der Kommunikationsbotschaft vertraut wird, werden sechs wirkungsvolle Kommunikationsinstrumente eingesetzt. Für die Erstellung des Marktforschungsprojektes ist zur Gänze ein externes Markforschungsinstitut verantwortlich.

Output-Ebene

Die Zugänglichkeit der Botschaft wird im Online-Bereich durch die Anzahl der Besucher auf der Webseite und durch die „Likes" auf Facebook gemessen. Durch die Auflagenhöhe des jeweiligen Printmediums kann beinahe genau geschätzt werden, wie viele Personen die Botschaft erhalten haben. Auch die Einschaltquoten und Kinobesucher sind bedeutende Kennzahlen, um zu überprüfen, wie sehr die Kommunikationsbotschaft bei der Zielgruppe angekommen ist.

Outcome-Ebene

Wie sehr die Botschaft von der Zielgruppe wahrgenommen wurde und in wie fern sich das Verhalten der Zielgruppe verändert hat, werden durch folgende Kennzahlen ermittelt: Bekanntheitsgrad, Vertrauen in die Marke, Marktpositionierung, Image, Abhebung von der Konkurrenz, Verweildauer auf der Webseite und Kaufintention.

Outflow-Ebene

Dabei steht die betriebswirtschaftliche Wirkung im Vordergrund. So stehen die Absatzmengensteigerung und auch die Umsatzsteigerung im Mittelpunkt. Auch die Erhöhung des Marktanteils und des Markenwertes sind Teil der Outflow-Ebene. Durch die Beobachtung der betriebswirtschaftlichen Entwicklung und daraus resultierende Erkenntnisse der Wirkung der Marketingmaßnahmen wird bei einem Erfolg die bisherige Strategie beibehalten. Bei einem Misserfolg werden die Ursachen analysiert und die Marketingstrategie dementsprechend abgeändert.

Das strategische Ziel des erfolgreichen Fortbestandes des Unternehmens sollte stets oberste Priorität haben.

Literaturverzeichnis:

Homburg, Krohmer; Marketingmanagement: Strategie - Instrumente - Umsetzung – Unternehmensführung; Gabler Verlag; 2009

Internetquellen:

Facebookseite von Ritter Sport:
http://www.facebook.com/RitterSportDeutschland

Wikipediaseite von Ritter Sport:
http://de.wikipedia.org/wiki/Ritter_Sport

Handelsblatt GmbH:
Autor: Martin Dowideit
http://www.handelsblatt.com/unternehmen/handel-konsumgueter/schokolade-ritter-sport-waechst-deutlich/9379746.html

Fachbeitrag für gruenden.ch:
Beigesteuert von: Christoph Portmann, Fachverband SWISS MARKETING
http://www.gruenden.ch/fileadmin/customer/downloads_d/fb_kommunikation.pdf

BEI GRIN MACHT SICH IHR WISSEN BEZAHLT

- Wir veröffentlichen Ihre Hausarbeit,
  Bachelor- und Masterarbeit

- Ihr eigenes eBook und Buch -
  weltweit in allen wichtigen Shops

- Verdienen Sie an jedem Verkauf

Jetzt bei www.GRIN.com hochladen und kostenlos publizieren